분노치료

심수명 지음

목차

시작하는 글 _4

1강 분노 이해 _6
2강 분노표현의 유형 _16
3강 분노 치료 1 _30
4강 분노 치료 2 _40
5강 용서하기 _52

부록 _62

시작하는 글

분노는 대부분의 사람들이 일상생활에서 가장 빈번히 느끼고 경험하는 기본적인 정서 중의 하나이다. 그러나 한국인들은 희노애락의 기본 정서 중에서 특히 분노는 표현하지 않고 억압하는 것을 미덕으로 여겨왔다. 부정적 정서를 무조건 참고 견디는 것이 덕이라고 여기는 우리 문화의 특성 때문이기도 하다.

그러나 분노를 무조건 억압하게 되면 우울, 불안의 원인이 되고 때로는 심인성 질환을 일으켜서 건강한 삶을 방해할 뿐 아니라 외부적으로는 파괴적인 행동으로 표출되어 사회적으로도 많은 문제를 일으킬 수 있다.

본 프로그램은 분노를 적응적으로 다루는 능력을 길러 신체적·정신적·영적으로 건강한 삶을 살아가도록 하는 것이 그 목적이다.

최근 분노치료를 위해서는 임상적으로 많은 다양한 접근들이 시도되고 있으나, 그 중에서 가장 효과적인 접근법으로 알려진 것이 인지치료법이다. 본 프로그램은 분노를 치료하는 접근법으로서 인지치료를 기독교 상담과 통합시켰으며, 인격적인 관점을 접목하여 구성하였다.

이 프로그램을 통해 분노란 무엇이며, 왜 분노가 생기는지 알게 되어 분노의 감정을 있는 그대로 수용하고 분출할 수 있게 될 것이다. 또한 분노 감정을 효과적으로 처리하는 방법인 자기대화와 핵심신념을 발견하고 이를 합리적인 사고로 바꾸어 나가는 훈련을 하게 될 것이다.

이 과정을 마치게 되면 분노 감정이 치유되는 경험과 함께 왜곡된 시각이 합리적이며 성경적인 사고로 변화될 것이다. 뿐만 아니라 분노 감정을 적절하게 표현하고 조절하는 능력이 생기며 궁극적으로는 건강하며 성숙한 사람으로 살아갈 수 있게 될 것이다.

심 수 명 교수

모임을 위한 약속

모임을 시작하기 전에 다음의 약속을 지키기로 다짐을 합니다.

1. 모임에 가능한 적극적으로 임하겠습니다. 그리고 자발적으로 모임에 참여하겠습니다.
2. 멤버에 대하여 비난이나 비판의 마음을 갖지 않도록 노력하겠습니다. 그리고 실수나 잘못에 대해 용납하고 용서하겠습니다.
3. 가능하면 솔직하게 이야기하겠으며 혹 말하고 싶지 않을 때 다시 용기를 내어 보겠습니다. 그리고 왜 말을 하고 싶지 않은지 생각해보겠습니다.
4. 다른 사람이 이야기할 때 그를 바라보고 그에게 집중하며 마음과 정성을 다해 귀 기울여 듣겠습니다.
5. 멤버들을 격려하고 칭찬하겠습니다. 또한 멤버들의 장점을 찾아서 지지해주겠습니다.
6. 모임 시간 동안에 들은 이야기를 밖에서 절대로 말하지 않겠습니다. 왜냐하면 이 시간 동안에 이야기한 모든 내용은 비밀이 보장되어야 하기 때문입니다.
7. 모임에 지각하거나 결석, 자리이동 등 모임의 분위기를 방해하는 행동을 하지 않겠습니다.
8. 무엇보다 다른 사람을 존중하겠습니다.
9. 어떤 일이 있어도 핸드폰을 꼭 끄고 모임에 임하겠습니다.
10. 부정적인 정서가 일어날 때 그 감정을 긍정적인 분위기와 말로 표현 하겠습니다.

날짜 _____

서명 _____

분노란 자기 존재가
수용되지 않는다고 느껴질 때
화가 나는 감정이다.
분노의 감정은 모욕이나 무시,
거절을 느낄 때,
혹은 위협이나 공격을 받을 때,
거부당하고 억울한 일을 당할 때에 느끼는
강렬하고도 흥분된 불쾌감이며
적대적 감정이다.

01
분노 이해

01 분노 이해

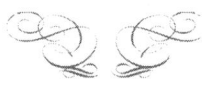

목표: 집단원 상호간의 신뢰관계를 형성하고 분노란 무엇인지 이해하며 분노의 원인에 대해 알아본다.

1. 타인과의 만남

평소에 불렸던 별칭이나 자신을 상징할 수 있는 것, 또한 자신의 소망을 담은 것 등으로 별칭을 짓는다. 그리고 이 모임에 대한 기대를 한두 가지 정도 생각한 다음, 전체 집단 안에서 별칭에 대한 소개와 함께 모임에 대한 기대를 나눈다.

별 칭	
설 명	
모임에 대한 기대	

2. 분노란 무엇인가?

분노란 자기 존재가 수용되지 않고 무시를 당하고 있다고 느껴질 때 일어나는 감정이다. 이렇게 분노의 감정은 모욕이나 거절을 느낄 때, 혹은 위협이나 공격을 받을 때, 거부당하고 억울한 일을 당할 때에 느끼는 강렬하고도 흥분된 불쾌감이며 적대적 감정이다.

분노는 외부로부터의 위협이나 공격에 대해 방어하고 자기를 지키고자 하는 반응으로서 그 자체로는 자연적 반응이며 적응적인 반응이라고 할 수 있다. 이러한 맥락에서 건강한 분노는 자기를 보호하며 관계를 바르게 만드는 역할을 하기도 한다.

그러나 분노가 자기나 타인을 향하여 공격적이고 파괴적으로 표현되기 때문에 분노를 부정적으로 보아왔던 것이다.

분노는 대상에 따라서 '자학적인 분노'와 '타학적인 분노'로 구분한다. 먼저 '자학적인 분노'를 살펴보면 이는 분노의 원인이나 책임을 '나 자신'에게 돌리는 것을 말한다.

이때 가장 먼저 취하는 행동은 자신의 감정을 닫아 버리는 것이다. 그리고 분노표출의 대상을 자기 자신으로 삼아 자기를 학대한다. 이러한 자학적 분노 표현방법은 깊은 우울증을 동반하게 된다.

'타학적인 분노'는 분노의 책임을 전적으로 '남에게 돌리는 것'이다. 대부분의 분노가 여기에 속하는 것으로 이런 사람은 외부를 향하여 원망하고 탓하며 타인을 공격하는 방향으로 분노를 표현한다.

분노의 가장 큰 문제는, 분노를 억압하면 병으로 나타나거나 폭발하거나 다른 사람을 향하여 증오나 공격적인 형태로 나타나게 된다는 점이다.

3. 분노의 원인

1) 욕구의 좌절 및 상처

사람은 마음속의 기대나 목표, 욕망이 무너졌을 때 좌절하며 분노를 느낀다. 뿐만 아니라 육체적·정신적인 상처나 고통이 있을 때도 분노를 느낀다.

분노는 해결되지 않은 심리적 욕구가 있음을 보여주는 것이다. 인간의 욕구 가운데 가장 중요한 욕구는 사랑 받으려는 욕구이다. 사람은 사랑 받고 있음을 느낄 때 감정적으로 안정된다.

그러나 사랑이 결핍되었을 때 거절당한 느낌을 갖게 되고 분노가 생기기도 한다. 분노의 감정은 이처럼 욕구가 좌절되거나 상처를 받을 때 생긴다.

하지만 인간이 가지는 욕구는 채워도 만족함이 없는 끝없는 욕망이다. 이러한 욕망은 근본적으로 하나님만이 채울 수 있다. 인간은 이 욕망을 다 채워줄 수 없다. 그러므로 욕망을 다 채울 수 없다는 것을 인정하고 자신의 상처를 이해하고 수용해 주는 상담자의 도움을 받거나 스스로 자신을 달래주면서 해결해야 한다. 좌절감이나 상처로 인해 생긴 분노감정도 상담이나 다른 사람의 도움을 받아서 치료할 수 있다.

2) 왜곡된 사고

이것은 자신이 처한 주위 상황을 잘못 판단하여 부당하다고 여기거나, 상대방의 행동을 오해하여 스스로 억울하다는 결론을 내리고 화를 내는 경우이다. 이런 맥락은 그 사건을 해석하는 왜곡된 인지가 있다. 왜곡된 인지를 가지게 되면 어떤 사건이건 오해해서 해석하려는 경향이 있다.

나를 무시하고 해치거나 공격한다고 왜곡된 해석을 하게 되면 분노는 더욱 더 커지는 경향이 있다. 사람들이 분노를 행동으로 옮기는 것은 그 일을 어떻게 해석하느냐에 달려 있다. 다시 말하면, 분노의 반응은 어떤 환경적인 자극에 대해서 자동적으로 보이는 반응이 아니다. 분노가 일어나는 원인은 과거에

경험한 사건에 대한 생각과 그 자신의 신념에 따라 체계화된 반응이다.

3) 자신에게 실망했을 때

아마도 우리의 삶에서 자주 분노하는 대상은 우리 자신일 것이다. 다음의 경우, 우리는 자신에게 실망한다. 이때 자신에게 화를 내거나 타인에게 화를 낸다.

- 하고자 했던 일을 정해진 기간 내에 마치지 못했을 때
- 자기주장을 하지 못하고 다른 사람의 의견에 끌려 다닐 때
- 중요한 약속을 잊을 때
- 소중한 물건을 잃어버렸을 때
- 똑같은 실수를 반복하거나, 차 안에 열쇠를 두고 문을 잠그거나, 늦잠을 자다가 지각했을 때
- 다이어트를 해야 하는데 실패했을 때

이같은 자기 자신에 대한 분노는 분노의 내적 요인 중 하나인 완벽주의와 약한 자아상의 영향을 받는다.

4) 학습된 분노

어린이는 타인의 그릇된 행동을 쉽게 모방하는데 그 중에서도 부모의 분노를 쉽게 학습하는 경향이 있다.

또한 부모 중 한 사람이나 두 사람 모두 범죄 행위로 기소된 적이 있을 때에 그 자녀 역시 범죄 행동 및 반사회적 행동을 할 가능성은 평균 이상으로 높게 나타난다.

어린 시절에 부모가 화내는 것을 보고 자란 어린이, 또는 부모로부터 심하게 벌을 받고 자란 어린이는 그렇지 않은 어린이에 비하여 성인이 되어서도 타인에게 쉽게 분노하고 난폭하게 행동하는 경향이 있다.

한편 어른이 되어서도 분노를 적절히 표현하지 못하는 사람이 있다. 이들은 어렸을 때 분노 표현을 제대로 할 수 없는 억압적인 분위기에서 자랐을 가능성이 있다.

5) 문화적 요인

분노를 유발하는 또 하나의 요인에는 문화적인 요인이 있다. 모든 문화는 감정을 어떻게 통제하고 어떻게 표현하는 것이 좋은지 나름대로의 가치와 규칙을 가지고 있다. 우리 사회에서는 분노를 억압하여 표현하지 않는 것을 미덕으로 여겨 분(忿)을 삭이는 것이 좋다고 생각하는 문화가 있어서 분노는 한(恨)으로까지 발달하였다. 그 결과 한은 죽어서도 풀어야 한다는 독특한 전설을 갖고 있다.

억울하게 죽으면 귀신이 되어 나타나 그 원한을 푸는 것으로 이어지기 때문에 샤머니즘이 국민 정서에 스며들게 되었다.

위의 여러 가지 요인 중에 나는 주로 어떤 이유에서 분노하는가? 분노가 일어날 때, 내 안에 스쳐 지나가는 자동적 생각은 무엇인가? 다음의 표를 참고로 하여 당신 가정의 분노표현을 살펴보자.

번호	내 용	표시
1	결코 화를 내 본 적이 없다 – 나는 부모에게 '말대답'을 전혀 하지 않았지만 그만큼 마음속에 쌓인 스트레스가 많았다.	
2	폭발적 – 나의 부모는 서로에게 늘 소리 지르고 짜증낸다. 서로에게 화를 낼 일이 없으면 나한테 짜증을 냈다.	
3	침묵으로 표현 – 나의 부모들은 화가 나면 상대방에게 얼음장처럼 차게 대한다.	

4	화내는 것을 죄악시한다 – 화를 내는 것을 잘못된 것이라고 배웠다.
5	기타 – 위의 방식 중에서 우리 집에 해당하는 것은 없다. 우리집은 _____ _____ 와 같은 방식으로 분노를 표출했다.

나의 가정 분노 기록(예)

관계된 사람	어머니
사건	어머니의 유학으로 헤어져 할머니와 시골에서 살았던 나에게 어머니는 스팸과 우유를 먹으라고 강요하셨다. 나는 냄새가 나서 먹을 수 없다고 했으나 먹지 않을거면 시골로 돌아가라고 가방을 싸갖고 나오셨다. 겁이 난 나는 억지로 먹다가 토해 버렸다.
당시 감정	억울함, 분노, 서러움, 두려움, 공포
당시 생각	"내가 이걸 먹지 않으면 날 또 버릴지도 몰라." "엄마 말은 듣기 싫어도 들어야 해"
분노처리방법	두려워서 억압했으며 순응하고 억울해 함.

나의 가정 분노 기록

관계된 사람	
사건	
당시 감정	
당시 생각	
분노처리방법	

 나의 가정분노기록지를 가지고 솔직하게 나누어보자.

 부모님이나 가족으로부터 받은 상처나 분노 사건들이 현재 나의 분노와 연결되어 있지는 않은지 과거의 분노사건과 연결된 사고나 반응은 지금도 여전히 당신을 지배할 것이다. 새롭게 통찰된 것을 나누어 본다.

1강 전체를 통해 새롭게 깨달은 점이나 소감을 나누어 본다.

인간의 욕구 가운데 가장 두드러지고
중요한 것은 사랑 받으려는 욕구이다.
즉 사람은 사랑 받고 있음을 느낄 때
감정적으로 안정된다.
그러나 사랑이 결핍되었을 때
거절당한 느낌을 갖게 되고 이에 대해
분노로써 반응한다.
또한 마음속의 기대나 목표, 욕망이 무너졌을 때
좌절하며 분노를 느낀다.

02
분노표현의 유형

02 분노표현의 유형

목표 : 분노표현의 유형에 대해 살펴보고, 자신은 어느 유형에 해당하는지
발견하여 대안을 찾도록 한다.

◆ 심정 나누기

모임을 시작하면서 느껴지는 나의 감정을 중심으로 간단히 자신의 마음을 나눈다.

　- 현재 나의 심정 :

　- 그 이유 :

1. 억압형

억압형의 사람들은 일단 갈등상황을 가라앉히고 무마하려고 시도한다. 이들은 갈등, 극단, 과도함을 피하고 중간 노선을 유지하면서 누구도 공격하지 않는다.

① 특징

- 스스로의 삶을 발전시키고 성장시키는 일은 포기한다.
- 결정 내리는 것을 좋아하지 않으며 추종한다.
- 자신의 의견과 느낌을 별 것 아닌 것으로 가치 절하한다.
- 겉으로는 쾌활하고 사교적인 것처럼 보이지만 갈등을 두려워하는 까닭에 자기 감정을 이야기하지 않으려 한다.
- 자신의 생각과 감정을 분명히 표현하는 것은 다른 사람을 불편하게 만들 것이라고 생각한다.
- 다른 사람을 보호하고 분위기를 화목하게 하는 데에 에너지를 쓰기 때문에, 자기 자신의 생각과 느낌을 모른다.
- 억울한 일을 만나도 그때는 모르고 지나가다가 나중에 생각이 나면서 억울해 한다.
- 남들로부터 착하다는 평판에 익숙해져 있으며 착한 사람이 되어 가면 갈수록 다른 사람의 느낌과 반응에 예민해지면서 자신의 내면에는 둔감해 진다.

② 강점

적응을 잘함. 어떤 상황에서도 최선을 다함. 남의 감정을 상하게 하지 않음. 유머 감각이 있음. 관대함. 자상함. 우호적. 귀담아들음. 순종적. 사교적. 재치있음. 인내심이 있음. 불만이나 불평을 겉으로 드러내지 않음.

③ 문제점

자기감정을 억압함. 에너지가 없어보임. 우유부단함. 따분함. 완고함. 굴복적. 속을 드러내지 않음. 어떤 일에 집중하거나 몰두하지 못함. 목적이 없어보임. 선택을 잘 못함. 세상 살아가는 것에 대해 두려워함. 각종 심인성 질환 발생.

④ 대안

- 우선 자신의 억압을 인정하고, 억압하는 자신의 성격을 수용하면서 내면에서 우러나오는 자신의 감정이나 생각, 메시지가 무엇인지 살펴보는 노력을 한다.
- 더 나아가 자신의 느낌과 소망에 대해 이야기하는 법을 배운다
- 자기자신의 감정, 생각, 계획에 대해 아주 사소하고 유치해 보이는 것이라 할지라도 존중하면서 그것을 표현하고 실행해 보도록 노력한다.
- 다른 사람과 이야기 할 때 "그건 멋진 생각이네요. 정말 공감이 가네요. 그러나 내가 결정한 것은 …입니다."라고 자기 주장에 대해 확신 있게 말을 하도록 노력한다.

번호	내용	O/X
1	나는 말다툼을 싫어하며 논쟁이나 토론을 피하기 위해서 그 자리를 떠나는 경우가 많다.	
2	나는 실제로는 좌절감과 괴로움이 쌓여 가고 있음에도 불구하고 겉으로 웃는 경우가 많다.	
3	때때로 나는 다른 사람들이 일을 부탁할 때 그 일이 나를 얼마나 힘들게 만드는지에 대해서 설명하지 않고 그냥 해 준다.	
4	문제를 일으키지 않는 최선의 방법은 문제를 일으킬 만한 사람을 피하는 것이라고 생각한다.	
5	혼자 있을 때에는 강력한 '어투의 말'을 연습해 보지만 막상 상대방을 대면하여 말할 때는 부드럽게 말한다.	
6	다른 사람들은 내가 삶에서 얼마나 큰 좌절감을 느끼고 있는지를 거의 알지 못한다.	
7	나는 종종 나의 참 모습에 대해서 정말로 알고 있거나 관심을 가지고 있는 사람은 아무도 없다는 생각을 한다.	
8	다른 사람들이 나에게 솔직한 생각을 말해달라고 부탁하는 경우에도 나는 여전히 상처받지 않는 안전한 대답을 해준다.	
9	나는 마음의 상처나 고통이 실제로 얼마나 큰지에 대해서 다른 사람들에게 공개적으로 이야기하지 않는다.	
10	다른 사람에게 상처를 주느니 차라리 말을 하지 않는 것이 상책이라고 생각한다.	

2. 수동 공격형

이들은 강한 부모나 권위 밑에서 상처 받으며 성장한 고통이 있다. 수동 공격형은 분노를 소극적이고 교묘하게 표현하는 것이다. 이것은 상처받는 것을 최소화하려는 욕구에 의해 발생된다.

① 특징

- 권위에 대하여 은근히 도전하거나 일을 소극적으로 하면서 상사, 부모, 윗사람의 마음을 괴롭힌다.
- 갈등관계에서 침묵을 하거나 토라지거나 고집을 피우거나 약속을 어기는 등의 소극적인 저항으로 상대방의 가슴속에 '분노'를 더 자극한다.
- 직접 화를 내지 않으면서 다른 사람에게 자기의 마음 상한 모습이나 한탄하는 모습을 보여주거나 남을 무시하는 태도를 보인다.
- 노골적인 분노에 대해 부정적인 이미지를 갖고 있기 때문에 소극적 공격으로 자신의 가치, 욕구, 신념을 보존하려 한다.
- 말없이 사람들을 조종하는 방법으로 분노를 표현하는 습관을 가지고 있으며, 다른 사람들에게 노움을 주기도 하지만 종종 다른 사람들의 문제에 말려들기도 한다.

② 강점

다른 사람의 필요와 어려움에 동정적인 경향이 있음. 베풀고 배려하는 경향이 있음. 남이 필요로 할 때에 도움을 줌. 행동형. 성실함. 신중함. 깊이 생각함. 인정 많음. 참을성이 많음. 자기 희생적.

③ 문제점

자주 침울하고 우울함. 불안해함. 무엇이 필요한지 표현 안 함. 가족과 친구들의 황당한 요구를 떠맡음. 실망하고 마음 상해함. 강박적 성향이 있음. 완벽주의적 성향이 있음. 이상주의적. 민감하게 반응함(부정적으로). 문제의 핵심에 맞서지 못함.

④ 대안

- 말을 안하거나 분위기로 다른 사람에게 자신의 마음을 표현하는 등의 수동적 성향을 인정한다.
- 다른 사람에게 맞추어 그들을 기쁘게 하기보다 자기 자신이 원하는 대로 살아가도록 삶의 주도성을 계발한다.
- 다른 사람이 자기의 기대에 부응하지 못할 때 부정적인 분위기로 공격하지 않도록 한다.
- 자기가 필요한 것이 무엇인지 마음을 열고 정직하게 용기내어 말하도록 노력한다.
- 다른 사람이 나의 원함을 몰라주거나 해주지 않을 때 그것을 수용하고 내가 스스로 해결하려는 노력을 한다.

번호	내 용	O/X
1	나는 여러 가지 계획들을 연기했던 적이 있다.	
2	때때로 나는 지키지 못할 것을 알면서도 다른 사람의 부탁을 들어 주겠다고 약속하기도 한다.	
3	나는 고의로 늦장을 부릴 때가 있다.	
4	나는 다른 사람과 갈등이 생겼을 때 그 사람과 몇 시간 동안 아무 말도 하지 않고 지낸다.	
5	나는 다른 사람에게 나의 문제들에 대해서 도와주기를 부탁하지만 그들이 제시하는 유익한 제안들을 따르지는 않는다.	
6	다른 사람들과 의견이 일치하지 않을 때는 가능한 한 대화를 빨리 끝내려고 애쓴다.	
7	사람들이 나에게 고정된 생활을 벗어나서 살도록 강요하면 불쾌해진다.	
8	나는 요청 받은 일을 한다. 그러나 그 일을 최선을 다해서 하지는 않는다.	
9	당사자가 없는 곳에서 그와의 갈등 문제에 대해 다른 사람에게 이야기 할 수는 있지만 그 사람과 직접 이야기할 기회는 갖지 않는다.	
10	나는 이미 약속을 해버린 후에 재협상을 하거나 그 약속으로부터 벗어날 방법을 생각하는 경우가 많다.	

3. 적극적 공격형

적극적 공격형은 자신의 분노 감정을 여과 없이 노골적으로 격렬하게 쏟아낸다. 그들은 자신이 항상 옳다고 믿기 때문에 다른 사람의 의견을 들으려 하지 않고 상대방의 감정을 무시해 버린다. 그들은 논쟁에서는 이기지만 원한을 사고 미움을 받기 쉽다.

① 특징

- 남의 잘못을 지적하는 데 주저하지 않으며 성질이 불 같아서 사소한 일에도 언제나 누군가와 싸우고 있는 것 같은 사람이다.
- 방향이 없이 통제하지 못하면서 화를 낸다.
- 자신은 분개하고 소리치고 있는데 결국 아무 것도 처리된 것이 없으며 화를 내는 실제적인 주제가 밝혀지지도 않는다.
- 격정이나 화냄, 위협, 비난과 같은 극단적인 형태의 표현뿐만 아니라 말다툼, 비난, 괴롭힘, 빈정거림 등 노골적으로 공격한다.

② 강점

짧은 시간에 많은 일 해냄. 지구력이 있음. 옳다고 생각하면 두려워하지 않고 나섬. 힘이 있고 거리낌 없음. 독립적임. 지도자형. 단호함. 선의의 경쟁심. 생산적. 확신에 차 있음. 의지가 강함. 신념이 있음.

③ 문제점

타인의 필요에 무감각. 항상 옳지 않으면 안 됨. 약자를 괴롭힐 수 있음. 두

목 행세. 불끈하거나 난폭함. 통제적. 공격적. 대담함. 속임수. 고집이 셈. 매정함. 이기적. 나는 항상 옳다는 왜곡된 신념을 인지하지 못함.

④ 대안

- 타인의 이야기를 경청하는 법을 배운다.
- 다른 사람들도 나와 똑같은 권리를 갖고 있으므로 나와 생각이 다르다고 해서 그들이 잘못된 것이 아님을 알아야 한다.
- 상대방의 느낌과 의견을 수용하도록 한다.

번호	내용	O/X
1	때때로 나는 냉소적이며 비판적인 말을 너무 많이 하는 자신을 발견한다.	
2	최근에 나는 다른 사람에게 공개적으로 무례하고 거절하는 행동을 했다.	
3	나는 최근에 갈등관계에 있는 사람에게 직접적으로 좋은 충고를 해주었지만 너무 강하게 말해버려서 기대하던 결과를 얻지 못했다.	
4	때때로 내가 너무나 비판적이라는 생각이 들어서 고민하고 있다.	
5	최근에 내가 민감하지 못해서 사람들에게 상처를 준 적이 있는데 나는 잘 인정이 안된다.	
6	나는 매사에 너무나 심하게 초조해 하고 불안해한다.	
7	나는 나의 분노를 아래 사람들에게 쏟아놓고 있다(자녀들, 직원들, 피고용인들 등).	
8	만일 누군가가 나에게 적대적인 말을 한다면 나는 곧바로 그 사람에게 달려들 것 같다.	
9	나는 삶에 대해서 점점 더 지쳐가고 있으며, 그러한 사실을 누가 알게 되든지 개의치 않는다.	
10	나는 다정다감한 사람이 되기가 힘들다.	

 나는 어느 유형에 속하며 그 경우 장점과 단점은 무엇인가? 대상에 따라서 다르게 사용하고 있지는 않은지, 그리고 단점에 대해서는 어떻게 고쳐나가겠는지 아래 표를 작성해보고 나눔을 통해 새롭게 자신을 성찰해보자.

나의 분노 유형	
그 중 내가 가지고 있는 장점	
내가 가지고 있는 단점	
단점을 개선하기 위한 방법	

 2강 전체를 통해 새롭게 깨달은 점이나 소감을 나누어 본다.

 과제

3강을 공부하기 전에 「인생을 축제처럼」(심수명, 도서출판 다세움) 중에서 3장 용서의 삶(100-126쪽)을 읽고 요약해 온다.

분노를 무조건 억압만 하게 되면
우울, 불안의 원인이 되고,
많은 심인성 질환을 일으켜서
개인의 건강한 삶을 방해할 뿐만 아니라,
외부적으로는 파괴적 폭력 행동으로
표출되어 사회적으로도 많은 문제를
일으키는 요인이 된다.

03
분노 치료 ①

03 분노치료 ①

목표: 분노치료의 과정을 살펴보고 분노감정을 표현해본다.

◆ 심정 나누기

모임을 시작하면서 느껴지는 나의 감정을 중심으로 간단히 자신의 마음을 나눈다.

- 현재 나의 심정 :

- 그 이유 :

1. 분노치료의 과정

노르만 D. 교수는 억압된 분노가 우리에게 구토, 위궤양, 설사, 궤양성 대장염, 가려움증, 피부질환, 천식, 호흡장애, 중풍 등을 동반하고 더 나아가서 분노와 미움이 울화로 변하면 뇌출혈, 고혈압, 대뇌동맥경화증, 뇌졸중 등으로 나타난다고 말하고 있다. 이렇듯 마음의 상처는 육체의 병과 관계가 깊다.

분노의 감정들이 어떤 방식으로든 표현되지 않을 때 그것은 가슴속에 축적되고 변형되어서 전혀 다른 모습으로 나타나게 된다. 분노의 감정이 쌓이게 되면 그것은 용해되지 않는 하나의 응어리로 가슴속에 남아 있게 된다. 마치 우리의 체내에 지방이 쌓이듯 분노가 해결되지 않으면 가슴속에 쌓이게 되는 것이다. 그리고 쌓인 분노는 반드시 병으로 나타나거나 다른 사람을 향하여 공격적인 형태로 나타나게 된다. 따라서 분노를 건강하게 표현하고 해소하는 법을 배워야 한다.

분노를 다스리고 치료하는 단계는 첫째, 분노 인식하기, 둘째, 분노행동 자제하기, 셋째, 자유롭게 표현하기, 넷째, 분노의 원인 찾아내기, 다섯째, 용서하고 잊어버리기의 다섯 단계로 나눌 수 있다.

여기에서는 그 중 자신의 분노 감정과 만나고 그 감정을 표현하는 것에 중점을 두고 다른 과정은 4강과 5강에서 살펴보고자 한다.

1) 분노 인식하기

자신의 분노감정을 오랫동안 억압하고 살아왔던 사람들은 실제로 분노의 상황에서도 그저 혼란된 감정만 느낄 뿐 자신의 감정에 어떤 문제가 있는지 알기다 어렵다. 자신이 분노하고 있는지 조차 모르게 될 때에는 그 분노가 파괴적으로 나타날 수 있음을 자각하지 못한다. 분노의 센서가 매우 둔감해서 경보장치 역할을 못하게 되면 더 위험해질 수 있다. 집에 불이 나서 연기가 집 안에 가득 찼는데도 화재경보기가 울리지 않는다면 매우 위험한 결과를 초래하는 것과 같은 이치이다.

타인이 느끼는 분노를 알아차리는 것도 분노 대처에 매우 중요하다. 민감한 사람은 상대방의 얼굴 표정, 목소리, 침묵 속에서 상대방이 분노하고 있음을 간파할 수 있다. 때로는 자신의 몸에서 느껴지는 긴장감이 상대방의 분노를 알려주는 감지기 역할을 할 때도 있다. 이와 같이 상대방의 분노를 민감하게 알아차리게 되면 훨씬 빨리 대처할 수 있다.

2) 분노행동 자제하기

분노를 의식한 후에는 상황을 철저하게 분석해서 문제의 핵심을 알고 어떻게 해결해야 되는지 알 때까지 분노의 행동을 자제하는 것이 필요하다. 행동을 자제하는 것은 행동을 억압하는 것과는 다르다. 이것은 자기 행동을 조절하여 감정의 노예가 되지 않도록 방지하는 것이다.

분노의 대상으로부터 거리를 둔다는 것은 교제를 완전히 끊지 않은 상태에서 마음 상한 상황으로부터 내면적 또는 외면적으로 물러나는 것을 뜻한다. 이러한 대응법의 장점은 무엇보다도 일어난 일을 처음부터 끝까지 두려움 없이 다시 생각해 볼 수 있다는 것이다. 따라서 분노가 일어나는 상황에서 바로 분노를 표출하는 것보다 잠시 마음을 가라앉히고 어떻게 해야 서로 상처를 받지 않고 해결할 수 있는지 생각해 보는 시간을 갖는다.

3) 자유롭게 표현하기

분노와 슬픔에 압도당할 때 가슴 속을 털어놓는 것만으로도 치료가 될 수 있다. 물론 이것은 너무나 두려운 일이다. 그럼에도 불구하고 담담하게 자기 마음과 감정을 표현해 보도록 한다. 혹은 다른 사람에게 상처주지 않고 안전하게 과거의 상처와 실망을 꺼내고 싶다면 혼자서 말하거나, 화난 것을 써 보도록 한다. 자신의 문제를 자유롭게 고백하는 그 자체가 우리를 분노에서 자유롭게 한다.

♥ 살아오면서 가장 분노를 느꼈던 때를 떠올려 보고 분노일지를 작성해 본다. 화가 난 감정을 있는 그대로 느껴보고, 그때 하고 싶었는데 여건상 하지 못했던 말이나 행동이 있다면 그것이 무엇인지 적어보고 2-3명이 한 조가 되어 조별로 표현을 해 본다.

나의 분노일지

사건 (화난 이유)?	
당시 감정	
당시 생각	
하고 싶었던 말이나 행동	
누구에게	

 실습을 하고 난 후 어떤 느낌과 깨달음이 있는지 나누어 보자.

4) 분노의 원인(핵심신념) 찾아내기

분노의 원인이 무엇인지 깊이 묵상하고 나의 억울함을 깊이 생각하면서 위로와 치료를 받아야 한다. 분노에 대한 원인들을 분석해 보면 대체로 다음과 같다.

첫째, 왜곡된 지각 즉 오해나 피해 의식에서 오는 분노

둘째, 서로의 시각 차이에서 오는 분노

셋째, 정보 부재에서 오는 분노

따라서 왜 분노가 치밀어 오르는지, 왜 남에게 뭐라고 하는지, 왜 화가 나는지, 왜 얼굴색이 안 좋아지는지, 내 가슴 깊은 곳에 있는 분노의 실체를 찾아야 한다. 그리고 그것을 분석한 다음에 치료를 받아야 한다. (이 부분에 대해서는 다음 4강에서 실습할 것이다.)

5) 용서하고 잊어버리기

나에게 상처를 준 사람을 이해하고 용서하기 위해서는 상대가 내게 잘못한 것을 분명히 인지하고 분노해야 한다. 용서는 나를 위해서 그를 놓아주는 것이다. 그렇지 않다면 내가 그 사람의 감정노예가 된다. 하지만 내가 용서하면 그 사람에 대한 감정적인 마음의 쇠사슬에서 벗어나게 된다.

용서하기를 거부하는 것은 마치 우리가 그 사람보다 도덕적으로 우월한 상태에 있는 것처럼 우리 자신을 그 사람 위에 놓는 것이다. 또한 용서하지 않으면 나는 점점 더 파괴적이 되며 부정적이 되어 내가 그 사람보다 더 약해질 수 있다. 내 상처를 아물게 할 수 있는 사람은 상처를 준 사람이 아니라 바로 나 자신이다.

3강을 통해 새롭게 이해하게 된 것들을 적어보고, 깨달은 점과 느낀 점을 나누어 본다.

핵심 신념은
우리의 가장 내밀한 존재에
깊숙이 각인되어 있다.
이것은 사고와 감정, 행동까지도
지배한다. 비합리적인 신념을
바꾸려고 한다면, 깊이 뿌리박혀
있는 핵심신념을 찾아내어야 한다.
핵심신념은 원가족에서 비롯되는
경우가 많다.

04
분노치료 ②

04 분노치료 ②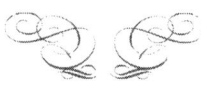

목표: 자기대화 및 핵심 신념을 찾아서 분노 감정을 치유하도록 한다.

◆ 심정 나누기

모임을 시작하면서 느껴지는 나의 감정을 중심으로 간단히 자신의 마음을 나눈다.

- 현재 나의 심정 :

- 그 이유 :

1. 분노사건 나누기

화가 난 사건(과거의 사건이나 현재의 사건 중 나누고 싶은 것)을 기록하고 나눈다.

나의 분노일지

사건 (화난 이유)?	
당시 감정	
당시 생각	
하고 싶었던 말이나 행동	
누구에게	

2. 자기대화(self-talk)

자기대화(또는 내면의 독백, 자동적 사고)는 어떤 상황에서 자신이 다루고 있는 것에 관해 생각 속에서 혼자 하는 사적인 대화이다. 삶 속에서 어떤 일이 일어날 때마다 우리는 생각 속에서 독백을 한다. 이러한 자기대화는 우리의 핵심 신념과 관련이 있다. 자기대화는 마치 생각 속에 입력된 레코드를 듣고 있는 것과 같다. 아마도 우리는 한 가지 주제에 대해 두 가지 테이프를 갖고 있을 것이다.

예를 들어 한 쪽에서는 "나는 모든 사람에게 사랑받고 인정받고 싶어!"라고 말하지만 다른 한편으로는 "나는 할 수 없어! 나는 좋은 점이 없어!"라는 테이프가 돌아가고 있을지도 모른다.

"나는 최선을 다하면 모든 것을 할 수 있어! 나는 소중하고 귀한 존재야!"라고 말하지만 "나 같은 게 뭘 하겠어."라는 또 다른 테이프도 있을 것이다.

자기대화가 어떤 식으로 이루어지는지 인식하고 그것이 얼마나 비합리적인지 분석하여, 비합리적인 사고를 합리적인 사고로 바꾸도록 연습해보자.

♥ 내 안에 있는 부정적인 자기 대화, 자기 묘사, 부정적 느낌과 행동의 순환고리를 찾아 긍정적인 순환고리로 바꾸어 보자. 다음의 예를 연습해 본다.

부정적 자기 대화를 긍정적으로 바꾸기

내용	부정적 모습 찾기	부정을 합리적 긍정으로
부정적 자기대화	"에이, 바보, 넌 그것도 못하니?" "넌 맨날 그래."	"인간이라면 누구나 실수할 수 있잖아. 그래도 나는 할 수 있는 게 더 많아."
부정적 자기묘사	"나는 바보인가 봐."	"무슨 소리야, 내가 얼마나 괜찮은 사람인데, 잘 하는 것도 얼마나 많은데, 난 괜찮은 사람이야."
부정적 느낌	자신이 가치없게 느껴짐.	소망스런 느낌. 다시 시작하고 싶은 마음.
부정적 행동	자신을 포기하기 때문에 함부로 행동함 (계획이나 목적 있는 삶을 회피한다.).	새로운 계획과 목표를 향해 새롭게 시도한다.

나의 경우: 부정적 자기 대화를 긍정적으로 바꾸기

내용	부정적 모습 찾기	부정을 긍정으로
부정적 자기대화		
부정적 자기묘사		
부정적 느낌		
부정적 행동		

3. 핵심 신념 찾기

분노사건이 생기면 자동적으로 떠오르는 사고가 있는데 그것이 무엇인지 찾는다. 자동적 사고는 순간순간 떠오르는 생각이나 영상이기 때문에 겉으로 드러나 있으며 의식의 흐름에 있다.

그리고 사건의 의미에 대해 추론해 봄으로써 자동적 사고 밑에 흐르고 있는 미처 의식하지 못한 생각을 찾아본다.

이러한 과정을 계속해 나가다보면 개인이 독특하게 갖고 있는 삶의 법칙이나 왜곡된 핵심신념(무의식)을 찾을 수 있다. 이것은 잘 드러나지 않으므로 쉬운 작업은 아니지만 계속 노력해 간다면 결국엔 무의식의 신념을 발견할 수 있을 것이다.

핵심 신념은 우리의 가장 내밀한 존재에 깊숙이 각인되어 있다. 이것은 사고와 감정, 행동까지도 지배한다. 비합리적인 핵심신념을 바꾸려고 한다면, 깊이 뿌리박혀 있는 핵심신념을 찾아내어야 한다. 핵심신념은 원가족에서 비롯되는 경우가 많으며 어떤 것은 강한 부정적 경험에서 비롯되기도 한다.

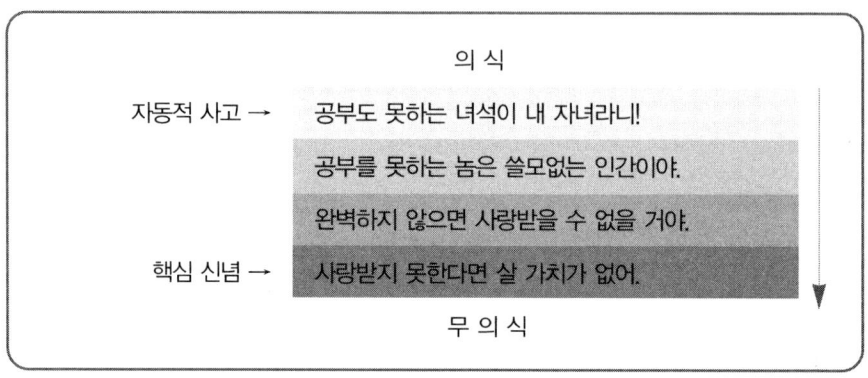

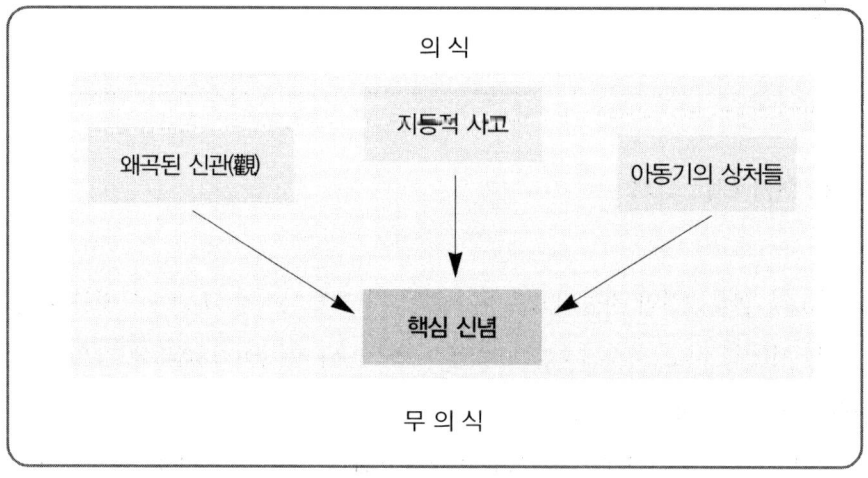

핵심신념의 형성 배경

분노와 관련된 비합리적 신념을 적어보고 비합리적 신념 이면에 있는 자동적 사고와 핵심신념을 찾아보도록 한다.

사건	
비합리적 신념	
자동적 사고 1	
핵심 신념	

 핵심신념을 찾으면서 새롭게 발견된 것은 무엇이며, 어떤 느낌이 드는지 나누어보자.

4. 비합리적 사고를 합리적 사고로

자신 안에 있는 비합리적 사고가 무엇인지 정확하게 보고, 이것을 합리적 사고로 바꾸어야 한다. 비합리적인 사고를 합리적인 사고로 바꾸어 보자.

1) 비합리적 신념 체크

다음과 같은 일반적인 12가지 거짓된 신념이 있다. 당신에게 해당되는 것들이 무엇인지 표시해 보라.

문항	내 용	표시
1	나는 모든 중요한 타인들에게 사랑과 인정을 받아야 한다.	
2	모든 사람들, 특히 내게 가까운 사람들은 내 방식대로 생각하고 믿어야 한다.	
3	나는 절대로 실수하거나 실패해서는 안된다.	
4	나는 누구도(특히 내가 사랑하는 사람들을) 실망시켜서는 안된다.	
5	내 삶에는 갈등이 없어야 한다(특히 가장 가까운 사람들과는).	
6	나는 어떤 댓가를 치르고서라도 다른 사람들로부터 용납을 받아야 한다.	
7	내 삶은 항상 행복해야 한다.	
8	모든 사람들, 특히 내게 가장 가까운 사람들은 나를 이해해야 한다.	
9	모든 사람들, 특히 내게 가장 가까운 사람들은 내게 동의해야 한다.	
10	내가 사랑을 받으려면 행동을 잘해야 한다.	
11	아무도 나를 싫어(미워)해서는 안된다.	
12	지금 나의 이런 모습은 바꿀 수 없다.	

2) 비합리적 사고를 합리적인 사고로 바꾸기

비합리적 사고	합리적 사고
나는 항상 잘해야 한다(완벽주의).	나는 불완전한 존재이며 실수도 자주 하지만 나는 여전히 사랑스럽다.
나는 친절하고도 상냥한 대우를 받아야 한다.	사람들이 나에게 잘 대해 주지 못할 수도 있다.
상황은 내가 원하는 방식으로 되어야 하고, 그렇지 않을 경우 나는 슬프고 비참하다.	상황이 내 뜻대로 되지 않더라도 그렇게 슬픈 것은 아니며 나는 맡겨진 일에 최선을 다하겠다.

부록에 나와있는 비합리적 사고와 합리적 사고를 비교해 본 후 자신에게 해당되는 비합리적 사고는 무엇인지 찾아보고 자신의 분노 사건을 조망해 본다. 그리고 다음 표를 완성해 보자.

나의 비합리적인 자동적 사고를 적어 본다.	
자동적 사고를 유발하는 원인 찾아보기(유년기 상처, 왜곡된 인지 등)	
이때 감정은?	
합리적인 사고로 바꾼다면	
이때 감정은?	

4강 전체를 통해 새롭게 깨달은 점이나 소감을 나누어 본다.

용서는 나를 위해서 그를
놓아주는 것이다.
진정한 사랑의 용서는
인격과 삶을 치료한다.
진정한 사랑과 용서는 기쁨으로
상대방을 맞이한다.
용서야말로 우리의 영혼과의 화해이며
내 영혼이 존귀한 가치를 향해
발돋움하는 것이다.

05
용서하기

05 용서하기

목표 : 자기 화해와 용서를 시도함으로써 분노로부터 자유함을 얻도록 도전해 본다.

◆ 심정 나누기

모임을 시작하면서 느껴지는 나의 감정을 중심으로 간단히 자신의 마음을 나눈다.

- 현재 나의 심정 :

- 그 이유 :

1. 분노 치료와 용서

분노를 처리하는 마지막 단계는 용서이다. 용서는 나를 위해서 그를 놓아주는 것이다. 진정한 사랑의 용서는 인격과 삶을 치료한다. 진정한 사랑과 용서는 기쁨으로 상대방을 맞이한다. 용서야말로 우리의 영혼과의 화해이다.

1) 용서가 아닌 것
용서의 삶을 살기 위해 먼저 용서가 아닌 것을 생각해 보기로 한다.

① 억압
덮어두는 것은 용서가 아니다. 덮어두는 것을 억압이라고 한다. 이것은 문제가 있을 때 해결하지 않은 채 자기도 모르게 가슴 깊이 넣어 두는 것이다. 억압을 하게 되면 겉으론 웃지만 속으로는 무서운 원망과 증오가 여전히 남아있기 때문에 마침내 상대방을 공격하게 된다. 이것은 비인격적인 경향으로 문제해결을 피하는 것이다. 억압은 용서가 아니다. 참된 용서는 자신을 성찰하며 자기의 속마음을 정직하게 쳐다보는 것이다. 그리고 문제와 맞서서 싸우며 해결해 나가는 것이다.

② 단순히 잊어버림
인격적인 결단 없이 단순히 잊어버리는 것은 용서가 아니다. 억압은 자기도 모르게 문제를 덮어두는 것이며, 잊어버리는 것은 자신이 알면서도 문제를 회피하는 것이다. 그러나 나에게 상처를 준 사람을 생각하며 나 스스로 용서를 선언하지 않는 한 마음 속에는 부정적인 감정이 계속 남아있게 된다. 인격적인 결단을 통한 잊어버림은 용서 이후에 안 좋은 감정이 지나가도 그와의 관계가 회복되기 위해 노력하는 것이다. 그러므로 진정한 용서는 인격적인 결단이 반드시 동반되어야 한다.

내게 상처 준 사람을 용서하기 위해 서둘러 덮어버리거나, 잊으려 애쓴 적은 없었는가?

③ 감정에 근거한 용서

일반적으로 사람들은 용서의 감정이 일어나야 용서하려고 한다. 내가 지금 용서하고 싶은 마음이나 감정이 없는데 용서하는 것은 외식이며 위선이라고 생각하기 때문이다.

그러나 이것은 잘못된 생각이다. 용서하겠다는 결단이 일어났을 때 결심하고 용서를 행하다 보면 용서의 느낌이 서서히 따라온다. 먼저 의지의 결단이 있고 난 다음에 용서의 느낌과 감정이 때로는 빨리, 때로는 서서히 뒤따라오게 된다. 그러므로 용서는 감정이 아니고 선택이며 의지의 소산인 것이다.

 용서하겠다고 결심했지만, 계속 일어나는 부정적 감정들 때문에 힘든 적은 없었는가? 이글을 읽고 어떤 생각과 느낌이 드는지 나누어 보자.

2) 용서 시도하기

자신의 상처와 분노를 표현하였으면 이제는 용서를 시작해야 할 시간이다. 자신의 아들을 죽인 불량배들을 신앙으로 용서했던 한 어머니가 있었다. 그는 불량배의 부모가 자신에게 용서를 구했을 때 "내 감정, 내 마음으로는 절대로 당신들의 아이를 용서할 수 없습니다. 다만 내가 사랑하는 주님의 이름으로 용서할 뿐입니다."

그 어머니는 정말 하기 어려운 용서를 신앙의 힘으로 했는데, 용서 후에 서서히 아들을 잃은 상처에서 회복될 수 있었다.

먼저 자신에게 상처를 준 사람과 '빚을 청산' 해야 한다. 상처를 오랫동안 붙들고 있다 보면 보복적인 분노로 변하는 경우가 많다. 우리는 나에게 상처 준 사람이 잘 되기를 바라는 마음이 없을 뿐 아니라 그들이 불행하게 되기를 열렬히 원한다. 용서는 쌍방향이 아니라 일방적인 행위이다. 상대방이 협조하지 않거나 우리가 용서한 사실을 알지 못한다 하더라도 전적으로 자신이 혼자서 하는 것이다.

3) 새로운 시각으로 보기

이것은 같은 사건을 지금까지와는 다른 각도에서 관찰하는 것이다. 예를 들어, 마음을 상하게 하는 거절을 당할 때 자신의 인격에 대한 거부로 받아들일 수도 있지만, 시간이 없다거나 그럴 수 밖에 없는 사정이 있다는 상대의 말을 그대로 믿을 수도 있다. 이때 거절의 의미는 우리에 대한 비난이 아니라, 단순히 상대의 사정이 여의치 않았기 때문이다.

새로운 시각으로 보는 방법에 도움이 되는 것은 다른 시각으로 마음을 아프게 한 사건을 생각해 보는 것이다. 이렇게 관점을 바꾸는 연습을 하다보면 용서가 좀 더 쉽게 될 수 있다. 이것을 계속 연습하다보면 긍휼과 사랑을 베푸는 성숙한 삶을 살게 될 것이다.

4) 자기와 화해하기

라인홀드 니버는 "우리는 원수와 화해해야 한다. 그렇지 않으면 사악하기 짝이 없는 증오의 순환궤도 속에서 양쪽 다 멸망하고 말 것이다."라고 말했다.

자기화해는 우리 자신을 과거로부터 해방시켜 과거의 부당한 고통으로부터 자유를 줄 것이다. 따라서 진정한 용서를 경험한 사람은 처절한 고통으로부터 풀려나 자기를 객관적으로 볼 수 있고 자기비난으로부터 자유로울 수 있다. 그와 동시에 자신과 타인을 사랑할 수 있는 자유를 얻는다.

사람은 누구나 자신의 허물과 실수가 있다. 자신을 정죄하지 않고 용서해주게 되면 자기와 화해가 일어나게 된다.

자기화해는 다음과 같은 과정을 거친다.

첫째, 자기 문제에 대해 정직해야 한다.

둘째, 자부심과 자기허물을 구별해야 한다.

셋째, 용기가 필요하다.

넷째, 자신의 죄에 대해 구체적이어야 한다.

다섯째, 자신을 품어주어야 한다.

여섯째, 사랑의 삶을 시작해야 한다.

5) 타인과 화해하기

용서와 화해는 다르다. 만일 상대방이 나와 화해할 마음이 없거나 준비가 되어있지 않아 화해하기를 거절한다면, 기다리는 것 이외에 내가 할 수 있는 것은 없다.

화해가 이뤄지려면 내게 잘못을 범한 사람이 진정한 뉘우침이 있는지 점검해야 한다. 진정한 화해는 내가 상처 준 것에 대해 온전히 인정하고 나로 인해 네가 얼마나 마음이 아팠는지 그래서 나의 사과가 진정으로 너의 상처를 어느 정도라도 아물게 하기를 바라는 준비된 마음이 선행되어야 한다.

용서하기의 전체 과정을 보면서 자신에게 가장 힘든 단계가 있다면 어느 단계이며, 왜 그런지 솔직하게 나누어 본다. 그리고 잘 안되는 나를 있는 그대로 수용하면서 그런 나를 여전히 사랑하도록 하자.

3. 용서와 위로의 편지 작성

분노의 치유는 용서에서 완성된다. 용서는 결단이며, 자기와 화해하는 것이며, 타인과 화해하는 것이다. 지금 이 시간 용서를 결단해 보고 용서의 편지를 작성해 본다.

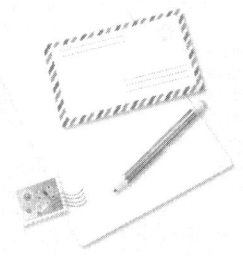

5강을 통해 새롭게 이해하게 된 것들을 정리해 보고, 깨달은 점과 느낀 점을 나누어 본다.

부록 01
합리적 사고 훈련하기

1. 합리적 사고 훈련

1) 비합리적 사고와 합리적 사고 비교

합리적 사고는 자기 자신, 다른 사람들, 주변 세상에 대한 정확하고 적절한 사고이며, 현실적인 사고이다. 비합리적 사고를 합리적인 사고로 바꾸는 예를 살펴보자.

비합리적 사고	합리적 사고
나는 일을 처리해 나갈 수가 없다.	내가 정신만 차리면 잘 할 수 있고 또 나에게는 다른 능력이 많다.
나는 능력이 없다.	만일 내 능력이 이 자리에 맞지 않는다면 다른 능력을 구하면 된다. 나는 충분한 힘이 있다.
일과 가족에 대한 압박감이 크다.	나는 과거에도 압박감을 잘 극복해왔다. 조금 힘들기는 하겠지만 앞으로도 잘 극복할 것이다.
어떻게 처리해야 할지 모르겠다.	나는 내 자신이 생각하는 것보다 더 많은 자질을 가지고 있으며 어려움이 있다면, 적극적으로 자문을 구하겠다.
나는 결점이 너무 많다.	나는 결점보다는 장점이 더 많다.
때때로 내가 아닌 다른 사람이 되고 싶다.	내가 나로 사는 것이 최고로 아름다운 것이다.

주제에 따른 비합리적 사고와 합리적 사고 비교

	비합리적 사고	합리적 사고
사랑	모든 중요한 사람들로부터 사랑 받고, 인정 받고, 이해 받아야만 가치 있는 사람이다. 만약 그렇지 않으면 끔찍하다.	내가 나를 존중하고, 나의 능력과 노력으로 인정을 받고, 사랑 받기보다 사랑을 주는 것이 더 생산적이다.
악	어떤 사람들은 나쁘고 사악하며 반드시 비난받고 처벌받아야만 한다.	사람들은 비윤리적으로 행동하는 경우가 흔하며, 이들을 비난하고 처벌하기보다는 그들의 행동을 변화시킬 수 있도록 도와주는 것이 더 좋을 것이다.
미래	위험하거나 두려운 일이 일어날 가능성을 늘 생각하고 있어야 한다.	걱정한다고 해서 일이 해결되지는 않는다. 괴로운 일이 생기면 최선을 다하겠지만, 만약 불가능하다면 그 일을 받아들이겠다.
실수	어떤 실수도 없이 완벽하고 성공해야만 가치 있는 인간이다(완벽주의).	자신이 인간적인 제한점이 있고, 실수를 범하기도 하는 불완전한 존재라는 것을 받아들이는 것이 좋을 것이다.
운명	인간의 문제는 완전한 해결책이 있고 만약 그 해결책을 발견할 수 없다면 끔찍한 일이다(인생에는 정답이 있다).	세상은 불확실하다. 그럼에도 가장 좋은 결과를 위해 위험을 무릅쓰고 모험에 도전한다.
정의	세상은 반드시 공평해야 하며 정의는 반드시 승리해야 한다.	세상에는 불공평한 경우가 자주 있다. 따라서 불만을 갖기보다는 이를 시정하도록 노력하는 편이 더 낫다.
고통	나는 항상 고통이 없이 편안해야만 한다.	고통 없이 얻을 수 있는 것은 아무것도 없다. 고통을 좋아하지 않아도 나는 이런 불편을 참아내고 견딜 수 있다.
일	일이 뜻대로 진행되지 않는다면 이는 무시무시하고 끔찍한 일이다.	일이 내 뜻대로 된다면 좋겠지만, 내가 원하는 대로 되지 않는다고 해서 끔찍할 이유는 없다.
대응	인생에서의 어려움은 부딪치기보다 피해 가는 것이 편하다.	피해가는 삶은 궁극적으로는 더 어려운 삶을 조장할 수 있다. 그러므로 맞서보겠다.
의존	우리는 다른 사람에게 의지해야만 하고 의지할 강한 누군가가 있어야만 한다.	다른 사람들과 친밀하게 지내지만 내 생활을 도와줄 사람을 원하지는 않는다. 내 자신을 믿고 나를 의지하겠다.
책임	행복이란 외부 사건들에 의해 결정되며 우리는 통제할 수 없다(종속적인 삶).	현재에 내가 겪고 있는 정서적인 괴로움은 주로 나의 책임이며, 내가 생각을 바꾸면 나의 감정도 조절할 수 있다.
과거	과거의 사건들이 현재 내 행동을 결정한다(운명주의).	과거의 일들에 대한 나의 생각과 과거의 영향에 대한 나의 해석을 재평가함으로써 과거의 영향을 극복할 수 있다.

기독교인들은 다음의 내용을 참고로 하면 분노치료에 많은 도움이 될 뿐 아니라 성숙한 성품을 형성하는데 도움이 된다.

주제에 따른 비합리적 사고, 합리적 사고, 성경적 사고 비교

	비합리적 사고	합리적 사고	성경적 사고
사랑	모든 중요한 사람들로부터 사랑 받고, 인정받고, 이해 받아야만 가치 있는 사람이다. 만약 그렇지 않으면 끔찍하다.	내가 나를 존중하고, 나의 능력과 노력으로 인정을 받고, 사랑받기보다 사랑을 주는 것이 더 생산적이다.	하나님은 독생자를 주실 만큼 나를 사랑하신다. 나는 그 사랑으로 나와 모두를 넉넉히 사랑한다.
악	어떤 사람들은 나쁘고 사악하며 반드시 비난받고 처벌받아야만 한다.	사람들은 비윤리적으로 행동하는 경우가 흔하며, 이들을 비난하고 처벌하기보다는 그들의 행동을 변화시킬 수 있도록 도와주는 것이 더 좋을 것이다.	모든 사람은 하나님의 형상으로 존엄하며 은혜 입은 존재이지만 악의 잔재를 잘 다루도록 주님을 의지한다.
미래	위험하거나 두려운 일이 일어날 가능성을 늘 생각하고 있어야 한다.	걱정한다고 해서 일이 해결되지는 않는다. 만약 괴로운 일이 생기면 최선을 다하겠지만, 불가능하다면 그 일을 받아들이겠다.	하나님은 나에게 최선의 것을 주시려고 준비하셨기에 그리스도와 함께 할 영광을 바라보고 확신 있는 삶을 살겠다.
실수	어떤 실수도 없이 완벽하고 성공해야만 가치 있는 인간이다(완벽주의).	자신이 인간적인 제한점이 있고, 실수를 범하기도 하는 불완전한 존재라는 것을 받아들이는 것이 좋을 것이다.	인간은 최선을 다하고 그 결과를 받아들이지만 실수와 연약함을 통해 하나님께 의존하는 것을 배운다.
운명	인간의 문제는 완전한 해결책이 있고 만약 그 해결책을 발견할 수 없다면 끔찍한 일이다(인생에는 정답이 있다).	세상은 불확실하다. 그럼에도 가장 좋은 결과를 위해 위험을 무릅쓰고 모험에 도전한다.	하나님은 나에게 삶을 맡기셨다. 나는 청지기로서 하나님의 뜻을 살펴 최선을 다해 주도적으로 살겠다.
정의	세상은 반드시 공평해야 하며 정의는 반드시 승리해야 한다.	세상에는 불공평한 경우가 자주 있다. 따라서 불만을 갖기보다는 이를 시정하도록 노력하는 편이 더 낫다.	모든 심판은 하나님께 맡기고 나는 사랑과 용서로 모든 사람을 대하겠다.
고통	나는 항상 고통이 없이 편안해야만 한다.	고통 없이 얻을 수 있는 것은 아무것도 없다. 고통을 좋아하지 않아도 나는 이런 불편을 참아내고 견딜 수 있다.	하나님은 고통을 통해 성숙하기를 원하신다. 고통은 변장된 축복이며, 새 체험을 위한 것이다.

일	일이 뜻대로 진행되지 않는다면 이는 무시무시하고 끔찍한 일이다.	일이 내 뜻대로 된다면 좋겠지만, 내가 원하는 대로 되지 않는다고 해서 끔찍할 이유는 없다.	모든 일이 하나님의 섭리 안에 있지만 나는 청지기로서 내게 맡겨진 일에 최선을 다한다.
대응	인생에서의 어려움은 부딪치기보다 피해 가는 것이 편하다.	피해가는 삶은 궁극적으로는 더 어려운 삶을 조장할 수 있다. 그러므로 맞서보겠다.	하나님의 의를 따라 믿음으로 나아가며 사랑과 지혜로 도전하겠다.
의존	우리는 다른 사람에게 의지해야만 하고 의지할 강한 누군가가 있어야만 한다.	다른 사람들과 친밀하게 지내지만 내 생활을 도와줄 사람을 원하지는 않는다. 내 자신을 믿고 나를 의지하겠다.	하나님을 절대적으로 의지하고 사람을 사랑함으로 믿고 인격적으로 협력하겠다.
책임	행복이란 외부 사건들에 의해 결정되며 우리는 통제할 수 없다(종속적인 삶).	현재에 내가 겪고 있는 정서적인 괴로움은 주로 나의 책임이며, 내가 생각을 바꾸면 나의 감정도 조절할 수 있다.	성경적 사고를 통해 하나님의 시각을 앎으로써 하나님께 순종하면서 점점 더 많은 것을 책임지는 삶을 살겠다.
과거	과거의 사건들이 현재의 내 행동을 결정한다(운명주의).	과거의 일들에 대한 나의 생각과 과거의 영향에 대한 나의 해석을 재평가함으로써 과거의 영향을 극복할 수 있다.	하나님은 과거를 묻지 않으신다. 그러므로 용서와 치료를 통해 현재를 새롭게 만나고 미래를 열어 나가겠다.

부록 02
성경적 상담모델

성경적 상담모델 예시

1단계	사건(상황, 환경, 행동)은 무엇이었으며 그때의 반응은 어떠했나?
	낯선 장소를 찾아갈 때 길을 잘 물어보지 않는 편인데 어쩔 수 없을 때 물어보게 될 때가 있다. 그런데 십중팔구는 그때마다 알수 없는 분노가 밀려오곤 한다. 그 분노는 길을 가르쳐준 사람이 똑바로 가르쳐주지도 않고 불친절하다는 느낌이 들기 때문이다. 그래서 뒤돌아서며 "가르쳐 주려면 똑바로 가르쳐 줄 일이지."라고 한마디 하게 된다.
2단계	그 당시의 감정은 무엇인가?
	분노, 거절감
3단계	그러한 감정이나 행동은 어디에서 생긴 것인가?
	어려서부터 편모 슬하에서 자라면서 '애비없는 자식이라는 소리를 듣지 않는 방법 중에 하나는 예의를 갖추는 것이다.'는 생각이 있었다. 이 생각이 성장하면서 영향을 미친것 같다. 이런 영향 때문에 나는 다른 사람에게 예의를 갖추어서 정중하게 묻곤 한다. 그런데 답변하는 사람들은 예의를 갖추어 대답해 주지 않는 경우가 많기 때문에 화가 나게 된다.
4단계	잘못된 사고(가치관/기본적인 가정)는 무엇인가?
	내가 표현하는 정중한 방식대로 당신(모든 사람)도 나에게 그런 예의로 반응해야 한다. 예의 없는 태도는 사람을 무시하는 것이다.
	합리적인 사고는 무엇인가?
	내가 원하는 방식대로 사람들이 반응해 주지 않을 수 있다. 사람들이 원하는 대로 반응해 주지 않는다고 해서 나를 무시하는 것은 아니다.
5단계	성경적 사고는 무엇이며 그 때의 감정과 행동은 무엇인가?
	① **성경적 사고** 사람은 하나님의 형상이므로 존중받을 권리가 있다. 내가 원하는 방식대로 해달라고 요구하는 것은 자기중심적인 태도이며 남이 나에게 잘해주기를 바라기보다 내가 대접받고 싶은 대로 행하는 것이 사랑의 태도이다. ② **새로운 행동** 상대방이 예의 없이 반응하더라도 가르쳐 준 것에 대해서 감사한 마음이 생긴다. ③ **새로운 감정** 자유로움, 평안함

자신의 분노사건을 토대로 작성해보고 나누어 봅니다.

1단계	사건(상황, 환경, 행동)은 무엇이었으며 그때의 반응은 어떠했나?
2단계	그 당시의 감정은 무엇인가?
3단계	그러한 감정이나 행동은 어디에서 생긴 것인가?
4단계	잘못된 사고(가치관/기본적인 가정)는 무엇인가? 합리적인 사고는 무엇인가?
5단계	성경적 사고는 무엇이며 그 때의 감정과 행동은 무엇인가? ① **성경적 사고** ② **새로운 행동** ③ **새로운 감정**

심수명 교수 저서_도서출판 다세움

교육/상담 훈련
- 인생은 축제처럼
- 인격치료(학지사)
- 그래도 삶은 소중합니다
- 상담의 과정과 기술
- 정신역동상담
- 감수성 훈련 워크북

목회와 설교집
- 인격목회
- 상담목회
- 상담적 설교의 이론과 실제
- 감사하면 행복해집니다
- 사랑하면 행복해집니다

비전 시리즈
- 비전과 리더십
- 비전의 사람들
- 세상을 변화시키는 리더십과 팔로워십

소그룹 훈련 시리즈
- 의사소통 훈련
- 인간관계 훈련
- 거절감 치료
- 분노치료
- 행복 바이러스
- 성령의 능력으로 사는 그리스도인
- 감수성 훈련 워크북

결혼/가정 사역
- 한국적 이마고 부부치료
- 부부심리 이해
- 행복결혼학교
- 아버지 학교
- 어머니 학교
- 위대한 부모 위대한 자녀

제자훈련 시리즈 전4권
- 1권. 제자로의 발돋움
- 2권. 믿음의 기초
- 3권. 그리스도와의 동행
- 4권. 인격적인 제자로의 성장
- 전인성숙을 위한 제자훈련 시리즈 인도자 지침서

새신자용 교재
- 새로운 시작

저자 소개

심 수 명 (Ph.D., D.Min.)

한밀교회를 개척하여 상담목회를 적용하고 있는 저자는 상담 전문가이며 신학과 심리학, 상담과 목회현장을 아우르는 학자이며 목회자입니다. 저자는 치유와 훈련, 목회를 마음에 품고 한 영혼의 전인적인 돌봄, 부부관계 회복, 비전있는 자녀교육, 건강한 교회세움, 상담전문가 양성 등에 헌신해 왔습니다. 그 노력의 일환으로 제자훈련 시리즈, 목회를 위한 교재, 상담 훈련용 교재들을 출판해 왔습니다.

"기독교상담적 관점에서 본 정신역동상담"이 문화체육관광부 우수학술도서로 선정되고, 「목회와 신학」에서 한국교회 명강사(상담분야)로 선정되는 등 한국교회와 사회를 섬겨 왔습니다.

안양대와 총신대(신학), 고려대(석사, 상담심리)와 미국 풀러신대에서 목회상담학 박사와 국제신대에서 상담학 철학박사 학위를 취득하였습니다.

상담자격은 한국인격심리치료협회 감독, 한국 목회상담협회 감독, 한국 복음주의 기독교상담학회 감독상담사, 한국 기독교 상담 및 심리치료학회 상담전문가, 한국 가족상담협회 수련감독으로 활동 중입니다.

여성부 정책자문위원으로 활동했으며, 오랫동안 국제신대 상담학 교수로 사역했습니다. 현재 미국 풀러신학대학원 상담분야 논문지도교수와 한기총 다세움상담대학원 원장, (사)한국인격심리치료협회 대표로 일하고 있습니다.

● 대표저서

「상담목회」(도서출판 다세움), 「인격치료」(학지사), 「한국석 이마고 부부치료」(도서출판 다세움), 「그래도 삶은 소중합니다」(도서출판 다세움), 「정신역동상담」(도서출판 다세움) 외 다수

● 이메일 : soomyung2@naver.com
● 연락처 – 한밀교회 : 02) 2605-7588, www.hanmil.or.kr
          – (사) 한국인격심리치료협회 : 02) 2601-7422~4

분노치료

2009년 6월 22일 1판 1쇄
2016년 5월 31일 개정판 1쇄
지은이 · 심수명
등록 · 제12-177호
등록된 곳 · 서울시 강서구 수명로2길 88
발행처 · 도서출판 다세움
TEL · 02-2601-7423~4
FAX · 02-2601-7419
HOME · www.daseum.org

총판 · 비전북
주소 · 경기도 고양시 일산구 장항동 568-17
TEL · 031-907-3927
FAX · 031-905-3927

정가 5,000원
ISBN 978-89-92750-36-3